Five Ni at Freddy's™

SUPERVIVENCIA

CUADERNO DE ~~SEGURIDAD~~

Basado en la serie Five Nights at Freddy's, creada por Scott Cawthon

El papel utilizado para la impresión de este libro ha sido fabricado a partir de madera procedente de bosques y plantaciones gestionadas con los más altos estándares ambientales, garantizando una explotación de los recursos sostenible con el medio ambiente y beneficiosa para las personas.

Five Nights at Freddy's
Cuaderno de supervivencia

Título original: *Five Nights at Freddy's. Survival Logbook*

Primera edición en España: marzo, 2023
Primera edición en México: agosto, 2023

D. R. © 2018, Scott Cawthon
Todos los derechos reservados. Publicado en acuerdo con Scholastic Inc.,
557 Broadway, Nueva York, NY10012, EE.UU.
Derechos negociados a través de Ute Körner Literary Agent.

D. R. © 2023 de esta edición: Roca Editorial de Libros, S. L.
Av. Marquès de l'Argentera 17, pral.
08003 Barcelona
actualidad@rocaeditorial.com
www.rocalibros.com

D. R. © 2023, Elia Maqueda, por la traducción

Fotografías © Shutterstock: manchas de sangre de la cubierta y de todo el libro (Gl0ck); textura marrón de la cubierta (homydesign); textura beis de la cubierta (NataLT); 1 y resto del libro, fondo (alexandre17); 2 centro (Lyudmyla Kharlamova); 3 y resto del libro mancha de café (Africa Studio); 42 centro (Alexandr III); 42 abajo izquierda y derecha (olllikeballoon); 43 arriba (Ksenya Savva); 43 derecha (olllikeballoon); 43 abajo (Studio_G); 52 abajo (Lyudmyla Kharlamova); 64 y en el resto del libro, cinta (jocic). Arte: Tina Francisco y Katrina Mae Hao
Libro diseñado por Carolyn Bull

ISBN: 978-841-944-951-1

Impreso en México – Printed in Mexico

Esta obra se terminó de imprimir en los talleres de Impresora Tauro, S.A. de C.V.
Av. Año de Juárez 343, col. Granjas San Antonio, c.p, 09070, Ciudad de México.

ESTE CUADERNO PERTENECE A:

~~MIKE~~

Perdón, parece que alguien había escrito ya en este... No te importa, ¿verdad?

CÓMO USAR ESTE
CUADERNO

¡Hoy es el primer día en tu nuevo y emocionante trabajo! Este cuaderno de bitácora ha sido diseñado para ti, que acabas de entrar a formar parte de la familia Fazbear Entertainment, con el fin de darte la bienvenida y asegurarnos de que te sientas a gusto y dispongas de la información necesaria para enfrentarte a tu primera semana de trabajo. No queremos que te agobies, porque, si no, ¡a lo mejor no vuelves!

Al finalizar cada turno de noche, nos gustaría que te tomaras un rato para reflexionar a partir de las actividades que encontrarás en las próximas páginas. Algunas te servirán para repasar lo aprendido, y otras, para ayudarte a despejar la mente y concentrarte. Y, por supuesto, no olvides registrar aquí cualquier cosa extraña que suceda durante el turno.

¡Empecemos!

NOCHE 1:
¡UN NUEVO Y EMOCIONANTE CAPÍTULO!

Para empezar, nos gustaría que rellenes este formulario con tus datos personales, por si nos hicieran falta en el improbable caso de que hubiera una emergencia. ¿Listo? Por favor, recorta esta ficha de contacto y dásela a tu supervisor al final de tu primer turno.

Nombre:

Teléfono:

Dirección:

Medicación:

Alergias:

Donante de órganos:

Preferencias en la última etapa de tu vida:

Contacto en caso de emergencia:

Nombre:

Teléfono:

Relación:

¿Estás triste? ¡No estés triste!

Haz una lista de diez razones por las que te pareció buena idea solicitar este puesto en Freddy Fazbear's Pizza.

1. _Los empleados pueden comer pizza gratis._

2. _____

3. _____

4. _____

5. _____

6. _____

7. _____

8. _____

9. _____

_____

10. _____

_____

¿Qué prefieres?

 ¿Abrazar a Freddy? … o… ¿Abrazar a Foxy?

¿Turno de día con dos fiestas? … o… ¿Turno de noche y limpiar?

 ¿Tocar la guitarra con Bonnie? … o… ¿Cantar con Freddy?

¿Escuchar la música de Ballora toda la noche? … o… ¿Escuchar la caja de música de Puppet toda la noche?

 ¿Que Circus Baby te dé un helado? … o… ¿Que Chica te dé un *cupcake*?

Si tuvieras que diseñar un animatrónico nuevo para uno de los numerosos proyectos de Fazbear Entertainment, ¿cómo sería? ¿Qué características especiales tendría?

Características especiales:

Test: Repasa lo que has aprendido

¿Has escuchado con atención todas las cintas de formación para vigilante de seguridad? Pon a prueba tus conocimientos y comprueba qué tal te fue en la página 12.

1. ¿Cuál es nuestro lema en Freddy Fazbear's Pizza?

   a. Un lugar místico para niños y progenitores, donde la fantasía y la intriga salen a la luz.

   b. Un lugar mágico para niños y adultos donde la fantasía y la diversión cobran vida.

   c. Un lugar magnífico para niños y adultos, donde la diversión cobra vida.

2. Fazbear Entertainment no se hace responsable de cualquier daño sufrido por...

   a. Las instalaciones o las personas.

   b. Los animatrónicos.

   c. El equipo de cocina.

3. ¿Por qué los animatrónicos se ponen en modo de movimiento libre por las noches?

   a. No se pueden apagar.

   b. Necesitan liberarse al final del día.

   c. Los servos se bloquean si están demasiado tiempo apagados.

4. Si los animatrónicos te ven por la noche, seguramente creerán que eres...

    a. Un endoesqueleto metálico sin traje.

    b. Un vigilante de seguridad.

    c. Un niño que necesita un abrazo.

5. ¿Por qué sólo debes cerrar las puertas y tocar el sistema de luces/cámaras si es absolutamente necesario?

    a. Tenemos en marcha un programa de concientización medioambiental.

    b. El edificio tiene el suministro eléctrico limitado entre las 0:00 y las 6:00.

    c. Los animatrónicos van hacia la luz.

6. ¿Dónde están los puntos ciegos más peligrosos de las cámaras?

    a. En la cocina.

    b. A la entrada de Pirate Cove.

    c. Afuera de las puertas de la oficina.

Resultados del test: ¿qué tal te fue?

¡Calcula tu puntuación!

1. Respuesta correcta: b. 4. Respuesta correcta: a.

2. Respuesta correcta: a. 5. Respuesta correcta: b.

3. Respuesta correcta: c. 6. Respuesta correcta: c.

2 o menos respuestas correctas

¿Seguro que este trabajo es para ti? Cometiste errores graves en tus respuestas. Vuelve a escuchar con atención el curso de formación antes de volver mañana.

3-4 respuestas correctas

Acertaste algunas respuestas, pero te recomendamos que repases tus responsabilidades antes del próximo turno. Después de todo, un simple error puede llegar a tener consecuencias nefastas.

5 o más respuestas correctas

Tienes muchas opciones de triunfar en este trabajo. ¡Muy bien! SOBREVIVIR

Cuando tienes miedo, a veces puede resultar útil imaginarte en clave de humor lo que te asusta. Haz la prueba: dibuja y colorea un disfraz absurdo para Puppet.

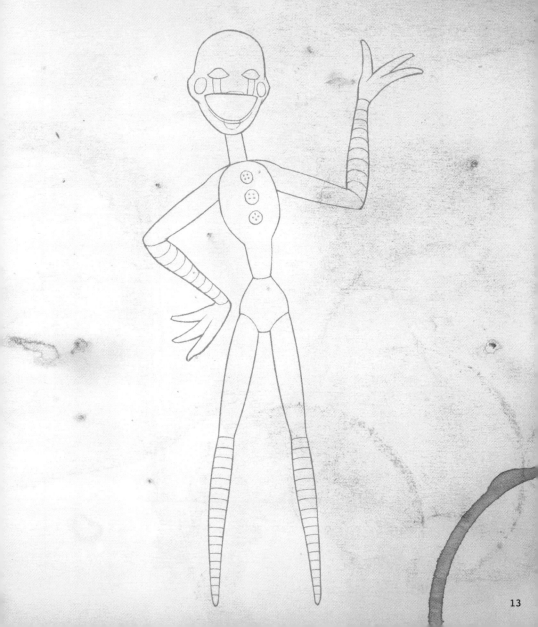

Ya conoces el dicho: ríe, y el mundo reirá contigo; llora, y el mundo, dándote la espalda, te dejará llorar. ¡Invéntate unos chistes en la página siguiente para que Freddy y sus amigos te hagan reír!

¡¡¡no tiene GRACIA!!!

El turno de noche puede resultar pesado, sobre todo cuando la gente que te rodea trabaja de día. Haz una lista de las cinco personas a las que más ganas tienes de ver al final de la jornada.

1. _____

2. _____

3. _____

4. _____

5. _____

¿A quién recomendarías para este trabajo?

_____

_____

_____

_____

_____

_____

_____

_____

Trae a tu familia...
a disfrutar de una noche de diversión en
Freddy Fazbear's Pizza

Descuento $8

Descuento $8

Pack pizza perfecta

Oferta no acumulable.

- DOS pizzas medianas con DOS ingredientes de tu elección
- 15 boletos para juegos/atracciones
- 1 jarra de refresco

Descuento $8

Descuento $8

Descuento $5

Descuento $5

Diversión Freddy

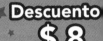

Oferta no acumulable.

- 30 boletos para juegos/atracciones
- Una pizza familiar con un ingrediente de tu elección
- 1 jarra de refresco

Descuento $5

Descuento $5

Descuento $6

Descuento $6

Festival pirata de Foxy

Oferta no acumulable.

- Visita de Foxy en Pirate Cove
- 45 boletos para juegos/atracciones
- 12 parches de juguete para el ojo

Descuento $6

Descuento $6

¡Haz de tu espacio de trabajo un hogar! ¿Con qué elementos decorativos puedes adornar tu escritorio para que resulte más acogedor?

En tu niñez, ¿qué querías ser de grande?
¿En qué se diferencia de tu trabajo actual?

Imagina que has recibido una nueva y prometedora oferta para ser gerente en Freddy Fazbear's Pizza.
Serás la persona responsable de tomar las decisiones que hagan que nuestros clientes sigan viniendo al local. A continuación, haz algunas propuestas:

1. ¿Tendrías más animatrónicos con forma humana o animal?

_____

2. ¿Tus amigos animatrónicos serían brillantes y relucientes o suaves y mullidos?

_____

3. ¿Qué servirías más: *cupcakes*, helados o pizza?

_____

4. ¿Le darías un abrazo a Circus Baby si ella te diera un cono de helado?

_____

Elabora una lista de todas las cosas que querrías hacer en tu vida. ¿Qué te impide hacerlas? ¡Nunca se sabe cuánto tiempo te queda!

1. _____

2. _____

3. _____

4. _____

5. _____

6. _____

7. _____

8. _____

9. _____

10. _____

Después de tu primera noche en el trabajo, apostamos a que te invade un sentimiento de gratitud por seguir con vida. Cuéntanos por qué cosas le das gracias a la vida.

_____

_____

_____

_____

_____

_____

_____

_____

_____

_____

_____

_____

_____

_____

REGISTRO DE INCIDENTES: NOCHE 1

Detalla aquí cualquier suceso fuera de lo normal

INFORME DE INCIDENTES

Fecha: _____ Hora: _____

Vigilante nocturno: _____

Persona(s) involucrada(s): _____

Animatrónico(s) involucrado(s): _____

Descripción de los hechos: _____

_____

Lesión ☐ Daños materiales ☐ Muerte ☐

Personas desaparecidas ☐ Policía involucrada ☐

Firma _____

INFORME DE INCIDENTES

Fecha: _____ Hora: _____

Vigilante nocturno: _____

Persona(s) involucrada(s): _____

Animatrónico(s) involucrado(s): _____

Descripción de los hechos: _____

_____

Lesión ☐ Daños materiales ☐ Muerte ☐

Personas desaparecidas ☐ Policía involucrada ☐

Firma _____

INFORME DE INCIDENTES

Fecha: _____ Hora: _____

Vigilante nocturno: _____

Persona(s) involucrada(s): _____

Animatrónico(s) involucrado(s): _____

Descripción de los hechos: _____

_____

Lesión ☐ Daños materiales ☐ Muerte ☐

Personas desaparecidas ☐ Policía involucrada ☐

Firma _____

Sentimientos con respecto al turno de esta noche

En una escala del 1 al 10, circula el número que describa mejor cómo te sientes (10 es el mejor y 1 es el peor):

En general: 1 2 3 4 5 6 7 8 9 10

Realizado/a: 1 2 3 4 5 6 7 8 9 10

De salud: 1 2 3 4 5 6 7 8 9 10

Estresado/a: 1 2 3 4 5 6 7 8 9 10

Motivado/a: 1 2 3 4 5 6 7 8 9 10

Esperanzado/a: 1 2 3 4 5 6 7 8 9 10

Con miedo
existencial: 1 2 3 4 5 6 7 8 9 10

El trabajo es un elemento esencial en toda sociedad que se precie de serlo. Haz una lista de diez razones por las que necesitas este trabajo.

1. _____

2. _____

3. _____

4. _____

5. _____

6. _____

7. _____

8. _____

9. _____

10. _____

Si fueras un niño, ¿qué galardones te gustaría que hubiera en la vitrina de premios? Dibújalos aquí.

Es importante tener héroes en los que inspirarnos. Haz una lista de tus personajes preferidos de películas, libros y series que hayan demostrado su valentía frente a obstáculos extremos. ¿Puedes vincular alguna de las experiencias que estás viviendo con su periplo heroico?

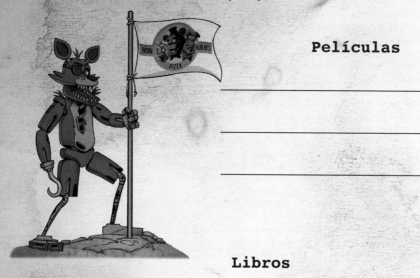

Películas

_____

_____

_____

Libros

_____

_____

_____

Series de televisión

Clara de _El Inmortal y la Inquieta_, porque en este sitio todo es una locura y nadie parece

darse cuenta excepto yo.

_____

Piensa en el día más feliz de tu vida. Escribe un recuerdo concreto de ese día que te haga sentir mejor a la hora de enfrentarte a nuevos retos.

¡LA MUERTE SEGURA!

¿RECUERDAS TU NOMBRE?

Una forma de encontrar esperanza en una situación aparentemente desesperada es intentar adelantarse y tratar de imaginar el futuro. Vamos a intentarlo: ¿cómo será tu vida dentro de cinco años?

Cómete a BOCADOS...
la diversión
¡en tu próximo cumpleaños!

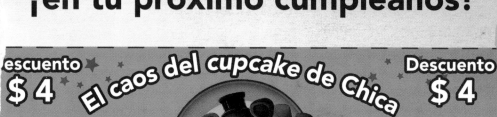

Descuento $4

El caos del cupcake de Chica

Descuento $4

- 12 *cupcakes*
- 20 boletos para juegos/atracciones
- Kit de fiesta personalizado con invitaciones y gorros

Oferta no acumulable.

Descuento $4

Descuento $4

Descuento $6

Baile de cumpleaños

Descuento $6

- 24 globos
- 20 boletos para juegos / atracciones
- Kit de fiesta personalizado con invitaciones y gorros

Oferta no acumulable.

Descuento $6

Descuento $6

Descuento $8

El día más feliz

Descuento $8

- Salón de fiestas privado
- Pastel de cumpleaños de tres pisos
- Un regalo de parte de Puppet
- Kit de fiesta personalizado con invitaciones y gorros

Oferta no acumulable.

Descuento $8

Descuento $8

Para alcanzar un estado mental más estable y relajado, prepara aquí tu selección **musical terapéutica**. Ten en cuenta que algunos animatrónicos se activan con el sonido, así que abstente de poner música en tu lugar de trabajo.

_____ / _____
(canción)   (artista)

_____ / _____
(canción)   (artista)

_____ / _____
(canción)   (artista)

_____ / _____
(canción)   (artista)

redoble de bongós

Si tuvieras que sobrevivir en un espacio diminuto debajo de una mesa durante una semana rodeado de animatrónicos bebés, **¿qué preferirías…?**

¿Dormir con un ojo abierto… o… no pegar el ojo?

¿Comer sólo frijoles cocidos… o… latas de atún?

¿Urdir un plan para escapar… o… para pedir ayuda?

¿Escuchar una voz espeluznante… o… el silencio?

¿Perder el lóbulo central… o… un brazo?

¡Prepara una rutina de entrenamiento! Hacer ejercicio puede ayudarte a mantener la mente en forma y acelerar el tiempo de reacción, que es la clave del éxito en tu nuevo puesto. Planea tus actividades de la semana. DE LA SUPERVIVENCIA

LUNES

8:00	_____	13:00	_____
9:00	_____	14:00	_____
10:00	_____	15:00	_____
11:00	_____	16:00	_____
12:00	_____	17:00	_____			

MARTES

8:00	_____	13:00	_____
9:00	_____	14:00	_____
10:00	_____	15:00	_____
11:00	_____	16:00	_____
12:00	_____	17:00	_____

MIÉRCOLES

8:00	_____	13:00	_____
9:00	_____	14:00	_____
10:00	_____	15:00	_____
11:00	_____	16:00	_____
12:00	_____	17:00	_____

JUEVES

8:00 ————————	13:00 ————————
9:00 ————————	14:00 ————————
10:00 ————————	15:00 ————————
11:00 ————————	16:00 ————————
12:00 ————————	17:00 ————————

VIERNES

8:00 ————————	13:00 ————————
9:00 ————————	14:00 ————————
10:00 ————————	15:00 ————————
11:00 ————————	16:00 ————————
12:00 ————————	17:00 ————————

SÁBADO

8:00 ————	13:00 ————	8:00 ————	13:00 ————
9:00 ————	14:00 ————	9:00 ————	14:00 ————
10:00 ————	15:00 ————	10:00 ————	15:00 ————
11:00 ————	16:00 ————	11:00 ————	16: ————
12:00 ————	17:00 ————	12:00 ————	17:00 ————

DOMINGO

Sugerencias:

- Correr 10 km
- Correr más deprisa
- Clases de defensa personal

Piensa en los pasos que puedes dar para
mejorar tu productividad en el trabajo.

Paso 1:

Paso 2:

Paso 3:

Consejo útil: limitar las distracciones al máximo es clave para
percibir cambios sutiles a tu alrededor. Estos cambios suelen
ser un anticipo de amenazas de ~~seguridad~~.
animatrónicos

Dibújate como un animatrónico. ¿Qué habilidades especiales tendrías?

_____

_____

_____

_____

_____

_____

Según algunos estudios, el ser humano olvida la mitad
de lo que ha soñado durante los primeros cinco minutos
posteriores al despertar. Utiliza esta página y la siguiente
para hacer dibujos y anotaciones sobre **tus sueños recientes**.
Trata de descifrar su significado.

¿TÚ TIENES SUEÑOS?

¿ALGUNO DE ESTOS JUGUETES TE
RESULTA FAMILIAR?

Idea de historia: ¿dónde está Foxy?

Ejercita el músculo creativo escribiendo un relato en el espacio que tienes a continuación. Puedes utilizar esta idea para activar tu imaginación y darle alas.

Miré las cámaras de seguridad; repasé el ciclo de grabación completo hasta volver de nuevo a Pirate Cove. ¿Dónde estaría Foxy? De repente oí unos golpes secos y rítmicos que me hicieron pensar en los pasos de un animatrónico. Me giré hacia la izquierda y…

REGISTRO DE INCIDENTES: NOCHE 2

Detalla aquí cualquier suceso fuera de lo normal.

INFORME DE INCIDENTES

Fecha: _____ Hora: _____

Vigilante nocturno: _____

Persona(s) involucrada(s): _____

Animatrónico(s) involucrado(s): _____

Descripción de los hechos: _____

_____

Lesión ☐ Daños materiales ☐ Muerte ☐

Personas desaparecidas ☐ Policía involucrada ☐

Firma _____

INFORME DE INCIDENTES

Fecha: _____ Hora: _____

Vigilante nocturno: _____

Persona(s) involucrada(s): _____

Animatrónico(s) involucrado(s): _____

Descripción de los hechos: _____

_____

Lesión ☐ Daños materiales ☐ Muerte ☐

Personas desaparecidas ☐ Policía involucrada ☐

Firma _____

INFORME DE INCIDENTES

Fecha: _____ Hora: _____

Vigilante nocturno: _____

Persona(s) involucrada(s): _____

Animatrónico(s) involucrado(s): _____

Descripción de los hechos: _____

_____

Lesión ☐ Daños materiales ☐ Muerte ☐

Personas desaparecidas ☐ Policía involucrada ☐

Firma _____

Sentimientos con respecto al turno de esta noche

En una escala del 1 al 10, circula el número que describa mejor cómo te sientes (10 es el mejor y 1 el peor):

En general: 1   2   3   4   5   6   7   8   9   10

Realizado/a: 1   2   3   4   5   6   7   8   9   10

De salud: 1   2   3   4   5   6   7   8   9   10

Estresado/a: 1   2   3   4   5   6   7   8   9   10

Motivado/a: 1   2   3   4   5   6   7   8   9   10

Esperanzado/a: 1   2   3   4   5   6   7   8   9   10

Con miedo
existencial: 1   2   3   4   5   6   7   8   9   10

Te damos la bienvenida a otra noche decisiva de tu incipiente y prometedora carrera en la que tendrás que preguntarte: «¿Qué estoy haciendo con mi vida? ¿Qué dirían mis amigos?». Y sobre todo: «¿Volveré a ver a mi familia?». **Empecemos por hacer una lista con diez malos hábitos que tengas y que te gustaría cambiar.**

1. Mascar demasiado chicle. _____

2. _____

3. _____

4. _____

5. _____

6. _____

7. _____

8. _____

9. _____

10. _____

Test: Cómo manejar los trajes de cierre de resorte

¿Has vuelto a escuchar las cintas de formación sobre los trajes de cierre de resorte? Recuerda repasar este importante curso antes de interactuar con un animatrónico o un traje de cierre de resorte.

1. ¿En qué se diferencia un traje con cierre de resorte de un animatrónico estándar?

    a. Puede hacer helado e inflar globos.

    b. Es más peligroso que el animatrónico estándar.

    c. Sirve tanto de animatrónico como de disfraz de mascota.

2. Cuando están en modo animatrónico, ¿hacia dónde se dirigen los trajes de cierre de resorte?

    a. La luz.

    b. El sonido.

    c. El pastel de cumpleaños.

3. ¿Qué herramienta debes usar para quitar las piezas animatrónicas?

    a. Una manivela de mano.

    b. Los dedos.

    c. Una llave inglesa.

4. ¿Cuál de las siguientes cosas no debes hacer con los cierres de resorte?

    a. Respirar encima de ellos.

    b. Tocarlos.

    c. Ambas son correctas.

5. Si metes los dedos en los cierres de resorte, ¿qué tienes que hacer?

    a. Morir delante de los clientes.

    b. Pedir ayuda a gritos.

    c. Trasladarte a una zona alejada del escenario antes de desangrarte.

6. ¿Qué consecuencias puede tener no cumplir las normas?

    a. Despido.

    b. Accidente/lesión/muerte/desfiguración irreparable y grotesca.

    c. Ascenso.

Resultados del test: ¿qué tal te fue?

¡Calcula tu puntuación!

1. Respuesta correcta: c.   4. Respuesta correcta: c.
2. Respuesta correcta: b.   5. Respuesta correcta: c.
3. Respuesta correcta: a.   6. Respuesta correcta: b.

2 o menos respuestas correctas

Repasa con atención el curso de formación antes de mirar siquiera un traje de cierre de resorte, y no hables con ningún agente de seguros si te encuentras con uno.

3-4 respuestas correctas

Acertaste algunas respuestas, pero te recomendamos que vuelvas a escuchar las cintas de formación.

5 o más respuestas correctas

¡Prestaste atención! Puede que no tengas que ponerte un traje de cierre de resorte como parte de tus tareas de vigilancia, pero ahora sabrás cómo manejar a un animatrónico con cierre de resorte si te encuentras con uno.

Olvida este test; es más, no hables de los trajes de cierre de resorte con nadie.

Hasta los animatrónicos se estresan a veces. Imagínate que vas a darles unas vacaciones a tus animatrónicos. ¿Adónde enviarías a cada uno?

Freddy: _____

¿Por qué? _____

_____

Chica: _____

¿Por qué? _____

_____

Bonnie: _____

¿Por qué? _____

_____

Foxy: _____

¿Por qué? _____

_____

En tu primera semana de trabajo puede resultar difícil seguir las reglas al pie de la letra, así que te hemos preparado esta práctica lista de control.

+ Sigue las reglas específicas de cada animatrónico.
+ Presta atención a los sonidos nuevos/extraños.
+ Vigila los sistemas y a los animatrónicos siempre que sea necesario.
+ Evita a los animatrónicos en la medida de lo posible.

- NO mires la imagen de las cámaras durante demasiado tiempo.
- NO permitas la entrada a ningún exempleado.

Diseña un endoesqueleto nuevo con tecnología avanzada.

Haz una lista de cosas que podría haber en una pizzería para distraer a la gente de la deprimente realidad.

_____

_____

_____

_____

¿TU ATRACCIÓN PREFERIDA
ERA EL CARRUSEL?

_____

_____

_____

_____

_____

_____

_____

_____

_____

_____

_____

Inventa un juego nuevo para que los niños jueguen con Ballora.
¡Recuerda que Ballora inspira a los más pequeños
para que estén en forma y coman pizza!

Cómo jugar:

_____

_____

_____

_____

_____

_____

_____

_____

_____

_____

_____

_____

_____

Sopa de letras

¡Intenta encontrar todas las palabras relacionadas con Fazbear Entertainment en esta sopa de letras!

```
I N O I S R E V I D E I V T W
S M E I C T S M E I T S I M H
E I R T I S M E I T S M G E O
I T I S T M P A S T E L I T A
S M S E O I T F O X Y S L M R
E I A T B S M E I T B S A E E
L I T S O M E I T S O M N I Y
E T S M R E I T S M N E T T O
T S A M N E I T S M N E E T U
S S Z M O E F I C H I C A T S
E M Z E T I U Y D D E R F T S
A M I E F I N T S M E I T S M
T E P I A T S M E F I E S T A
T S M E J U G A R I T S M E I
W H A T I S Y O U R N A M E T
```

Afton Robotics	Chica	Fiesta	Foxy
Freddy	Bonnie	Let's Eat	Pizza	Risa
	Diversión	Pastel	Vigilante	Jugar

¿QUÉ VES AQUÍ?

Si los animatrónicos hablaran, ¿qué crees que dirían?

Rellena las viñetas y crea tu propio cómic de Freddy y Foxy.

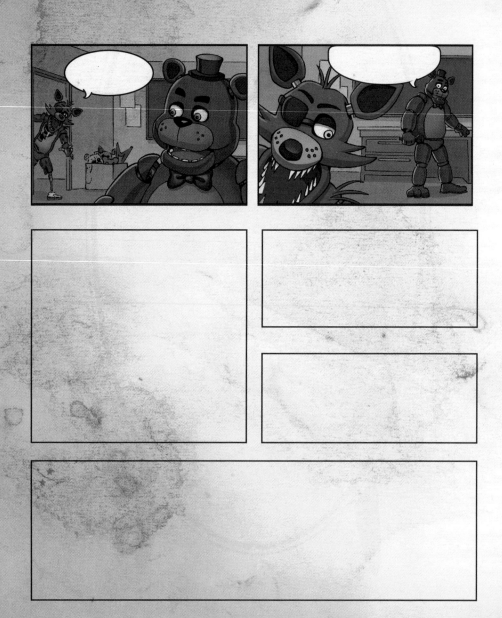

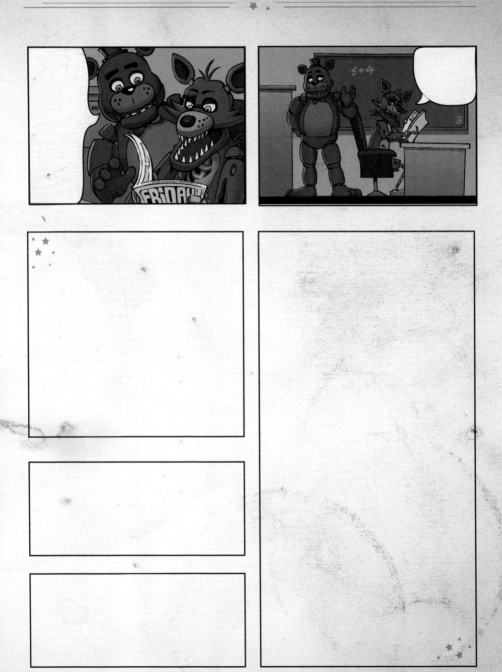

Fazbear Entertainment suele intentar renovar su marca cada vez que hay un escándalo de comunicación. ¡Utiliza el espacio a continuación para diseñar un logo nuevo!

Saborea una...

tarde de diversión en familia en

Freddy Fazbear's Pizza

Bulla de Bonnie

- 15 boletos para juegos/atracciones
- Una pizza familiar con un ingrediente de tu elección
- 1 jarra de refresco

Fazbear hambriento

- Dos pizzas familiares con un ingrediente de tu elección
- 2 jarras de refresco
- 4 *cupcakes*

¡Festival pirata de Foxy!

- 30 boletos para juegos/atracciones
- Dos pizzas familiares con un ingrediente de tu elección
- 1 jarra de refresco

¡Ahora formas parte de la familia Fazbear! A continuación, dibújate en las fotos.

REGISTRO DE INCIDENTES: NOCHE 3

Detalla aquí cualquier suceso fuera de lo normal.

INFORME DE INCIDENTES

Fecha: _____ Hora: _____

Vigilante nocturno: _____

Persona(s) involucrada(s): _____

Animatrónico(s) involucrado(s): _____

Descripción de los hechos: _____

_____

Lesión ☐ Daños materiales ☐ Muerte ☐

Personas desaparecidas ☐ Policía involucrada ☐

Firma _____

INFORME DE INCIDENTES

Fecha: _____ Hora: _____

Vigilante nocturno: _____

Persona(s) involucrada(s): _____

Animatrónico(s) involucrado(s): _____

Descripción de los hechos: _____

_____

Lesión ☐ Daños materiales ☐ Muerte ☐

Personas desaparecidas ☐ Policía involucrada ☐

Firma _____

INFORME DE INCIDENTES

Fecha: _____ Hora: _____

Vigilante nocturno: _____

Persona(s) involucrada(s): _____

Animatrónico(s) involucrado(s): _____

Descripción de los hechos: _____

_____

Lesión ☐ Daños materiales ☐ Muerte ☐

Personas desaparecidas ☐ Policía involucrada ☐

Firma _____

Sentimientos con respecto al turno de esta noche

En una escala del 1 al 10, circula el número que describa mejor cómo te sientes (10 es el mejor y 1 el peor):

En general: 1 2 3 4 5 6 7 8 9 10

Realizado/a: 1 2 3 4 5 6 7 8 9 10

De salud: 1 2 3 4 5 6 7 8 9 10

Estresado/a: 1 2 3 4 5 6 7 8 9 10

Motivado/a: 1 2 3 4 5 6 7 8 9 10

Esperanzado/a: 1 2 3 4 5 6 7 8 9 10

Con miedo
existencial: 1 2 3 4 5 6 7 8 9 10

NOCHE 4:
¿POR QUÉ SIGUES AQUÍ?

Haz una lista de las malas decisiones que otros vigilantes de seguridad han tomado antes que tú y que no repetirías.

1. _____

2. _____

3. _____

4. _____

5. _____

6. _____

7. _____

8. _____

9. _____

10. _____

Si murieras en un desafortunado accidente laboral
—por ejemplo, dentro de un traje animatrónico—,
¿a quiénes extrañarías más?

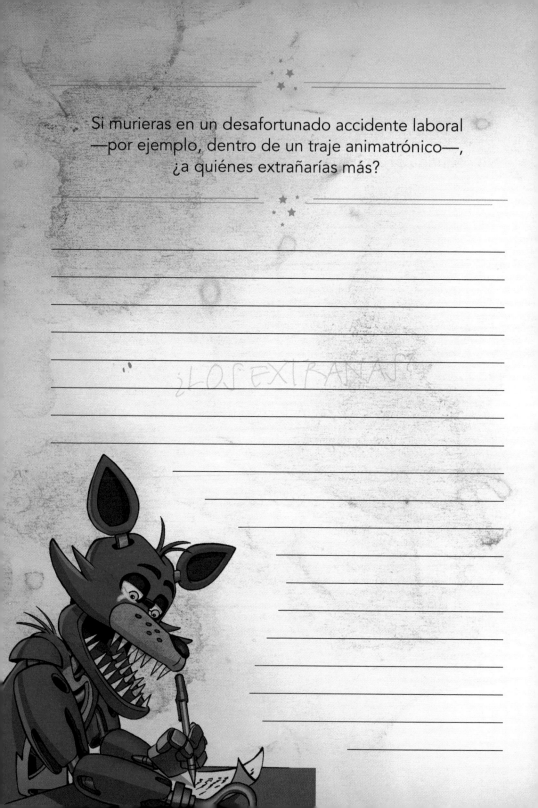

Escribe un mensaje a cada una de estas personas contándoles cómo fue tu terrible final, y también qué animatrónico acabó contigo.

Querido/a _____

_____

_____

_____

_____

Querido/a _____

_____

_____

_____

_____

_____

Querido/a _____

_____

_____

_____

¡Invéntate un juego arcade basado en las aventuras de los animatrónicos! ¿Surcará Foxy los siete mares? ¿Preparará Chica un *cupcake* que sea un manjar de reyes? Escríbelo aquí, y luego dibuja un prototipo de la máquina de videojuegos.

Título del juego: _____

Descripción: _____
_____
_____
_____

¡Dibuja dos pantallas de tu juego!

Oh, oh. Este vigilante de seguridad parece bastante indefenso aquí al descubierto y a deshoras. ¡Será mejor que le dibujes un traje de animatrónico antes de que acabe embutido en uno!

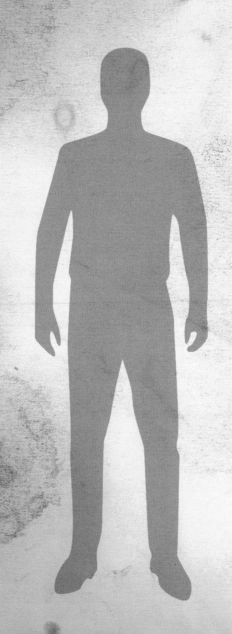

Cuando sentimos pánico extremo, pensar en la infancia puede ayudarnos a calmarnos. ¿Tenías algún peluche o una mantita que llevaras a todas partes? ¿O un amigo o amiga imaginario? Cuéntalo aquí.

Test: Descubre tu potencial

Ahora que ya estás ubicado, es hora de poner a prueba lo que sabes. ¡Veamos si tienes el trabajo dominado!

1. Con el tiempo has aprendido que quizá lo más importante sea…

    a. Gritar cuando se acerca un animatrónico.

    b. Hacer mucho ruido.

    c. Mirar las grabaciones de video.

2. Cuando oyes ruido de trastes en la cocina, lo más seguro es que sea…

    a. Foxy.

    b. Bonnie.

    c. Chica.

3. Freddy y sus amigos tienden a estar más activos…

    a. Si miras las cámaras a menudo.

    b. A medida que avanza la semana.

    c. Si cierras las puertas.

4. Foxy y Bonnie tienden a quedarse por la zona izquierda del restaurante, mientras que Chica y Freddy se acercan normalmente por…

    a. La zona derecha del restaurante.

    b. Detrás de ti.

    c. La zona izquierda del restaurante.

5. En general, si tienes alucinaciones con animatrónicos extraños mientras trabajas, lo mejor es…

    a. Mirarlos bien.

    b. Abandonar toda esperanza.

    c. Sacar las cámaras de video.

6. Si te encuentras con un animatrónico, es mejor intentar no…

    a. Establecer contacto visual.

    b. Bailar.

    c. Salir corriendo entre gritos.

Resultados del test: ¿qué tal te fue?

¡Calcula tu puntuación!

1. Respuesta correcta: c.
2. Respuesta correcta: c.
3. Respuesta correcta: b.
4. Respuesta correcta: a.
5. Respuesta correcta: c.
6. Respuesta correcta: a.

2 o menos respuestas correctas

Oh, oh. Parece que aún te falta bastante para dominar tus funciones. Quizá sólo necesites un poco más de experiencia, pero la curva de aprendizaje es bastante empinada. Pero, bueno, ¡esperamos que aguantes el tiempo suficiente para mejorar!

3-4 respuestas correctas

¡Ya casi lo tienes! Cometiste alguno que otro error en tus respuestas, pero parece que vas empezando a entender.

5 o más respuestas correctas

¡Muy bien! Es cierto que las personas que desempeñan trabajos no calificados como éste suelen considerarse prescindibles, pero estamos muy impresionados con lo rápido que has dominado tus tareas de vigilancia. ¡Buen trabajo!

¡GRAN REAPERTURA!

¡Ven con nosotros al nuevo
Freddy Fazbear's Pizza!

Bonnie Bum Bum

Descuento $12

Descuento $12

Descuento $12

Descuento $12

Oferta no acumulable.

- Fiesta especial con los animatrónicos
- Dos pizzas familiares con un ingrediente de tu elección

Freddy Feliz

Descuento $14

Descuento $14

Descuento $14

Descuento $14

Oferta no acumulable.

- 12 corbatas de moño
- DOS pizzas familiares con DOS ingredientes de tu elección
- 2 jarras de refresco

Kit Fiesta de la Pizza

Descuento $16

Descuento $16

Descuento $16

Descuento $16

Oferta no acumulable.

- 30 boletos para juegos/atracciones
- Tres pizzas familiares, cada una con un ingrediente de tu elección
- 3 jarras de refresco
- 24 *cupcakes*

Cambio al turno de día

Ejercita el músculo creativo escribiendo un relato en el espacio que tienes a continuación. Puedes utilizar esta idea para activar tu imaginación y darle alas.

Sólo llevaba una semana en el turno de la noche, pero me alivió sobremanera que me cambiaran al diurno. Es muy estresante trabajar desde las doce de la noche hasta las seis de la mañana. Mi superior me había dicho que los animatrónicos se estaban comportando de manera extraña —casi agresiva con el personal—, pero yo no iba a dejar que eso me asustara. Después del trabajo tuve la extraña sensación de que algo me seguía de camino a mi casa…

_____

_____

_____

_____

_____

_____

_____

_____

_____

_____

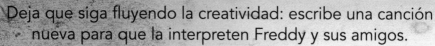

Deja que siga fluyendo la creatividad: escribe una canción nueva para que la interpreten Freddy y sus amigos.

_____

_____

_____

_____

_____

_____

_____

_____

_____

_____

_____

Ahora que tienes la canción, ¡dibuja a los animatrónicos moviéndose al ritmo de la música!

¿TE SUENA ESTA CANCIÓN?

¿Puedes atravesar este laberinto para llegar hasta el búnker?

SALIDA

Escenario

Piezas/ servicios

Cocina

META

84

¡Freddy Fazbear's Pizza tiene un compromiso firme con la diversión familiar y, sobre todo, con la **seguridad**! Seguro que ya te sabes de memoria las normas de seguridad, pero ¿añadirías alguna más a la lista?

NORMAS DE SEGURIDAD

1. No correr.
2. No hacer berrinches.
3. No gritar.
4. No hacer caca en el suelo.
5. No separarse de mamá.
6. No tocar a Freddy.
7. No pegar.
8. Irse antes de que sea de noche.
9. _____
10. _____
11. _____
12. _____
13. _____
14. _____
15. _____

gracias,
la dirección

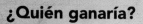

¿Quién ganaría?

Si los animatrónicos se batieran en duelo por el control
de la pizzería, ¿quién crees que ganaría y por qué?

 VS.

Ganador: _____

_____

_____

VS.

Ganador: _____

_____

_____

VS.

Ganador: _____

_____

_____

 VS.

Ganador: _____

_____

_____

 **VS.**

Ganador: _____

_____

_____

¡Por la gloria
de la pizza!

REGISTRO DE INCIDENTES: NOCHE 4

Detalla aquí cualquier suceso fuera de lo normal.

INFORME DE INCIDENTES

Fecha: _____ Hora: _____

Vigilante nocturno: _____

Persona(s) involucrada(s): _____

Animatrónico(s) involucrado(s): _____

Descripción de los hechos: _____

_____

Lesión ☐ Daños materiales ☐ Muerte ☐

Personas desaparecidas ☐ Policía involucrada ☐

Firma _____

INFORME DE INCIDENTES

Fecha: _____ Hora: _____

Vigilante nocturno: _____

Persona(s) involucrada(s): _____

Animatrónico(s) involucrado(s): _____

Descripción de los hechos: _____

_____

Lesión ☐ Daños materiales ☐ Muerte ☐

Personas desaparecidas ☐ Policía involucrada ☐

Firma _____

INFORME DE INCIDENTES

Fecha: _____ Hora: _____

Vigilante nocturno: _____

Persona(s) involucrada(s): _____

Animatrónico(s) involucrado(s): _____

Descripción de los hechos: _____

_____

Lesión ☐ Daños materiales ☐ Muerte ☐

Personas desaparecidas ☐ Policía involucrada ☐

Firma _____

Sentimientos con respecto al turno de esta noche

En una escala del 1 al 10, circula el número que describa mejor cómo te sientes (10 es el mejor y 1 el peor):

En general: 1 2 3 4 5 6 7 8 9 10

Realizado/a: 1 2 3 4 5 6 7 8 9 10

De salud: 1 2 3 4 5 6 7 8 9 10

Estresado/a: 1 2 3 4 5 6 7 8 9 10

Motivado/a: 1 2 3 4 5 6 7 8 9 10

Esperanzado/a: 1 2 3 4 5 6 7 8 9 10

Con miedo existencial: 1 2 3 4 5 6 7 8 9 10

¡Te damos la bienvenida a tu último día de trabajo!
¡Es decir, el último día de tu primera semana!
Es increíble que hayas llegado tan lejos...
¿Qué necesitarías para volver la semana que viene?

_____

_____

_____

_____

_____

_____

_____

_____

_____

_____

_____

_____

_____

_____

_____

_____

_____

Te ganaste un bonus por trabajar esta semana.
Recibirás una estupenda cesta de regalo cuyo importe
descontaremos de tu próximo sueldo.
Dibuja aquí la cesta de regalo que te gustaría recibir.

Esto sí.

Esto no.

Si tuvieras que darle un consejo a la próxima persona que trabaje como vigilante de seguridad, ¿cuál sería?

¿Qué prefieres?

¿Bailar con Ballora?... o... ¿Cantar con Circus Baby?

¿Pasar la noche dentro de
un traje de cierre de resorte?... o... ¿Pasar la noche a oscuras?

¿Revisar el sistema
de Funtime Freddy?... o...

¿Intentar
reparar a Mangle?

¿Ganar un
¿Recibir un regalo de Puppet?... o... premio de la vitrina?

¿Huir de Puppet?... o... ¿Huir de Foxy?

En Freddy Fazbear's Pizza, muchas de las máquinas
de videojuegos utilizan gráficos de 8 bits. A continuación,
utiliza la cuadrícula para convertir a Foxy a 8 bits:

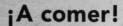

¡A comer!

Diseña un pastel de cumpleaños especial
para nuestros patrocinadores.

Detalla todos los ingredientes y las instrucciones de
preparación en las páginas siguientes. Luego haz un dibujo.

Ingredientes

_____

_____

_____

_____

_____

_____

_____

_____

_____

_____

Modo de preparación

1. _____
   _____
   _____

2. _____
   _____
   _____

3. _____
   _____
   _____

4. _____
   _____
   _____

Dibuja aquí tu pastel

Dibuja aquí un animatrónico de cumpleaños
para que haga entrega de tu flamante pastel.

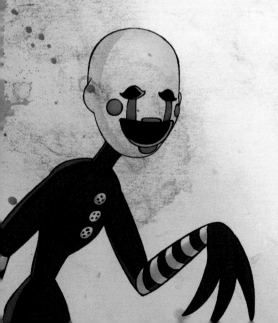

En caso de una crisis comunicativa, siempre es interesante tener un plan. Piensa en una explicación plausible para estos malentendidos tan habituales.

«¡Mi hijo dice que Freddy lo mordió!»

Se tropezó y cayó encima de los dientes de Freddy. No es culpa nuestra.

«¡Ese animatrónico está sucio y chorrea líquido!»

«¡Mi hija desapareció en la pizzería!»

«Mi pizza tiene moho.»

Imagina que eres arquitecto y diseña la disposición ideal para un local de Freddy Fazbear's Pizza. Dibuja aquí el plano:

¡Prepara una fiesta para celebrar que has llegado al final de tu primera semana! Utiliza el espacio a continuación para organizarlo todo.

Tema

Lugar

Fecha y hora

Decoración

Menú

Invitados

Redacta un artículo para el periódico acerca de la vida y logros de un audaz vigilante de seguridad que perdió la vida mientras estaba de servicio defendiendo la pizzería y a sus clientes.

AUDAZ VIGILANTE DE SEGURIDAD DEFIENDE LA DIVERSIÓN A TODA COSTA

Dibújate o pega una foto tuya aquí.

A continuación, dibuja tus tesoros más preciados. ¿A quién le legarías cada objeto si tuvieras que hacerlo?*

* Nota: si quieres convertir esta lista en un testamento oficial, te recomendamos buscar asesoramiento legal.

REGISTRO DE INCIDENTES: NOCHE 5

Detalla aquí cualquier suceso fuera de lo normal.

INFORME DE INCIDENTES

Fecha: _____ Hora: _____

Vigilante nocturno: _____

Persona(s) involucrada(s): _____

Animatrónico(s) involucrado(s): _____

Descripción de los hechos: _____

_____

Lesión ☐ Daños materiales ☐ Muerte ☐

Personas desaparecidas ☐ Policía involucrada ☐

Firma _____

INFORME DE INCIDENTES

Fecha: _____ Hora: _____

Vigilante nocturno: _____

Persona(s) involucrada(s): _____

Animatrónico(s) involucrado(s): _____

Descripción de los hechos: _____

_____

Lesión ☐ Daños materiales ☐ Muerte ☐

Personas desaparecidas ☐ Policía involucrada ☐

Firma _____

INFORME DE INCIDENTES

Fecha: _____ Hora: _8:11_

Vigilante nocturno: _____

Persona(s) involucrada(s): _____

Animatrónico(s) involucrado(s): _____

Descripción de los hechos: _____

_____

Lesión ☐ Daños materiales ☐ Muerte ☐

Personas desaparecidas ☐ Policía involucrada ☐

Firma _____

Sentimientos con respecto al turno de esta noche

En una escala del 1 al 10, circula el número que describa mejor cómo te sientes (10 es el mejor y 1 el peor):

En general: 1 2 3 4 5 6 7 8 9 10

Realizado/a: 1 2 3 4 5 6 7 8 9 10

De salud: 1 2 3 4 5 6 7 8 9 10

Estresado/a: 1 2 3 4 5 6 7 8 9 10

Motivado/a: 1 2 3 4 5 6 7 8 9 10

Esperanzado/a: 1 2 3 4 5 6 7 8 9 10

Con miedo
existencial: 1 2 3 4 5 6 7 8 9 10

¡HASTA LA
SEMANA QUE VIENE!

Desde Fazbear Entertainment queremos darte
las gracias por unirte a nuestra empresa. Esperamos que
este cuaderno te haya ayudado a entender mejor tus
responsabilidades y te haya brindado ratos de alegría
al final de un largo turno de trabajo.

Sobrevivir a la rutina aquí no es poca cosa;
te felicitamos por tu valentía y tu sentido común.
¡Hasta la próxima!